WUNDERNACHT

Die schönsten Weihnachtsgedichte aus 500 Jahren

Wundernacht

Die schönsten Weihnachtsgedichte aus 500 Jahren

Ausgewählt von Norbert Schnabel

R BROCKHAUS

Umschlaggestaltung: Ursula Stephan, Wetzlar
Satz: QuadroMedienService, Bergisch Gladbach-Bensberg
Druck und Bindung: Bercker, Graph. Betrieb, Kevelaer
ISBN 3-417-24746-2
Bestell-Nr. 224 746

INHALT

Maria und Joseph

Stern und Stall

Das Kind

Hirten und Könige

Wundernacht

Weihnachtsfreude

Von Bethlehem nach Golgatha

Maria und Joseph

Zu Bethlehem

Maria war zu Bethlehem,
Wo sie sich schätzen lassen wollte;
Da kam die Zeit, da sie gebären sollte.
Und sie gebar ihn –
Und als sie ihn geboren hatte
Und sah den Knaben nackt und bloß,
Fühlt sie sich selig, fühlt sich groß,
Und nahm voll Demut ihn auf ihren Schoß
Und freuet sich in ihrem Herzen sein,
Berührt den Knaben zart und klein
Mit Zittern und mit Benedein,
Und wickelt ihn in Windeln ein …
Und bettete ihn sanft in eine Krippe hin.
Sonst war kein Raum für ihn.

Matthias Claudius

Marias Sehnsucht

Es ging Maria in den Morgen hinein,
Tat die Erd einen lichten Liebesschein,
Und über die fröhlichen, grünen Höhn
Sah sie den bläulichen Himmel stehn.
„Ach, hätt ich ein Brautkleid von Himmelsschein,
Zwei goldene Flüglein – wie flög ich hinein!"

Es ging Maria in stiller Nacht,
Die Erde schlief, der Himmel wacht',
Und durchs Herze, wie sie ging und sann und dacht,
Zogen die Sterne mit goldener Pracht.
„Ach, hätt ich das Brautkleid von Himmelsschein
Und goldene Sterne gewoben drein!"

Es ging Maria im Garten allein,
Da sangen so lockend bunt' Vögelein,
Und Rosen sah sie im Grünen stehn,
Viel, rote und weiße so wunderschön.
„Ach, hätt ich ein Knäblein, so weiß und rot,
wie wollt ich's lieb haben bis in den Tod!"

Nun ist wohl das Brautkleid gewoben gar,
Und goldene Sterne im dunkelen Haar,
Und im Arme die Jungfrau das Knäblein hält,
Hoch über der dunkelerbrausenden Welt,
Und vom Kindlein gehet ein Glänzen aus,
Das ruft uns nur ewig: nach Haus, nach Haus!

Joseph von Eichendorff

Argwohn Josephs

Und der Engel sprach und gab sich Müh
an dem Mann, der seine Fäuste ballte:
aber siehst du nicht an jeder Falte,
daß sie kühl ist wie die Gottesfrüh.

Doch der andre sah ihn finster an,
murmelnd nur: Was hat sie so verwandelt?
Doch da schrie der Engel: Zimmermann,
merkst du's noch nicht, daß der Herrgott handelt?

Weil du Bretter machst, in deinem Stolze,
willst du wirklich den zur Rede stelln,
der bescheiden aus dem gleichen Holze
Blätter treiben macht und Knospen schwelln?

Er begriff. Und wie er jetzt die Blicke,
recht erschrocken, zu dem Engel hob,
war der fort. Da schob er seine dicke
Mütze langsam ab. Dann sang er Lob.

Rainer Maria Rilke

Ach, guter Joseph …

Nimm den Fuß da weg! (Der Wirt schloß die Tür.)
Er nahm sie beim Arm und sprach zu ihr: „Komm!
Mein Lebtag habe ich Betten gezimmert
für andere Leute. Du siehst, was es bringt.
Ach, wär ich ein junger Kerl noch! Ich hätte …

Vielleicht ist es gut so. Wer weiß es. Du hättest
sicher gelitten. Die vielen Menschen.
Der Weindunst. Die Enge! – Ich hätte ja tief
in den Beutel gegriffen, nur daß du endlich …

Hier war'n wir doch schon? Ich glaube, wir laufen
immer im Kreise. – Der Kerl hatte Finger
wie eine Spinne! Na. Laß ihn … Was meinst du:
Wollen wirs draußen versuchen? An den Festen
findet sich abseits leichter ein Plätzchen.

Das erste, was ich uns kaufe daheim,
wäre ein Esel. Ich sag dir: Beweglich
muß man heut sein! – Ach, dieser Quirinus
ist sicher ein Junggeselle. Sonst hätte er
doch die schwangeren Frauen beurlaubt! Väter
sollten uns nur regieren. Aber was red ich …

Hier geht's hinaus aus dem Ort. Sags ehrlich:
Reichts noch ein Stückchen? Wir gehen langsam …
Du könntest dich setzen. Ich schaute derweil …
Schon gut denn: Wir bleiben einfach zusammen.

Was hast du? Du leidest. Da, setz dich. Ich glaube,
du fieberst …? Ach, Täubchen, mein Engel …
Wie soll ich denn helfen!? – Ach, wär'n wir zu
Haus …

Nun lächelst du wieder. Nein, ruh noch ein
Weilchen.
Dahinten, sieh mal: Das scheint eine Hütte.
Ob das etwas wäre? … (Es dämmert ja schon.)
Nur langsam, nur langsam …

So schau doch! Ein König kröche hier unter
– im Regen. Ein Ochs und ein Esel erwarten uns
schon.
Und sauberes Stroh! Wir werden nicht frieren.
Leg dich und ruh dich… Ach, weine doch nicht.
Sinds Schmerzen? Ists Glück? Es wird doch am
Ende …?"

„Ach, guter Joseph … Mir ist so … Wir wollen
beten beide, daß Gott bei uns sei."
Und Joseph leise: „Er ist es. Ich seh ihn
Schon aus deinen Augen mir winken …"

Rudolf Hagelstange

Geburt Christi

Hättest du der Einfalt nicht, wie sollte
dir geschehn, was jetzt die Nacht erhellt?
Sieh, der Gott, der über Völkern grollte,
macht sich mild und kommt in dir zur Welt.

Hast du dir ihn größer vorgestellt?

Was ist Größe? Quer durch alle Maße,
die er durchstreicht, geht sein grades Los.
Selbst ein Stern hat keine solche Straße.
Siehst du, diese Könige sind groß,

und sie schleppen dir vor deinen Schoß

Schätze, die sie für die größten halten,
und du staunst vielleicht bei dieser Gift –:
aber schau in deines Tuches Falten,
wie Er jetzt schon alles übertrifft.

Aller Amber, den man weit verschifft,

jeder Goldschmuck und das Luftgewürze,
das sich trübend in die Sinne streut:
alles dieses war von rascher Kürze,
und am Ende hat man es bereut.

Aber (du wirst sehen): Er erfreut.

Rainer Maria Rilke

Stern und Stall

Der Weihnachtsstern

Wieder glänzt der Abendstern
und entzündet all die andern
Himmelslichter nah und fern.
Und ermahnt auch mich zu wandern,
durch das riesengroße All
eine Reise anzutreten,
um in einem kleinen Stall
hinzuknien und anzubeten,
wo ein Kindlein diese Welt,
diese unermeßlich weite,
große, dunkle, tiefe, breite,
in den kleinen Händen hält.

Georg Thurmair

Der Stern

Hätt' einer auch fast mehr Verstand
als wie die drei Weisen aus Morgenland
und ließe sich dünken, er wäre wohl nie
dem Sternlein nachgereist, wie sie;
dennoch, wenn nun das Weihnachtsfest
seine Lichtlein wonniglich scheinen läßt,
fällt auch auf sein verständig Gesicht,
er mag es merken oder nicht,
ein freundlicher Strahl
des Wundersternes von dazumal.

Wilhelm Busch

Es ist ein Stern

Es ist ein Stern, der funkelt sehr,
Es ist ein Bote kommen her,
Der spricht: Soll allerwegen
Nun Ehre droben Gott allein
Und Friede bei den Menschen sein,
Die guten Willen hegen.

Den Hirten auf dem Feld bei Nacht
Ward diese Botschaft zugebracht.
Die waren bei den Schafen
Und standen auf und gingen all
Dem Sterne nach bis an den Stall,
Da sie das Kindlein trafen.

Es ließen auch aus Landen fern
Drei Könige sich durch den Stern
Zu Gottes Krippe führen.
Die lagen auf ihr Antlitz hin
Anbetend und beschenkten ihn
Mit Weihrauch, Gold und Myrrhen.

Ach Kind, und willst du mich empfahn,
Gern schlöß ich mich den Hirten an,
Der Schlechteste und Letzte,
Dem Opfer und Geschenk gebricht;
Denn sieh, du weißt, ich habe nicht,
Was irgend dich ergetzte.

Ich lieh mein Herz an alle Welt;
Die gab es mir zurück, entstellt,
Zuscherben und zuschanden.
Wie wär dir solche Gabe lieb?
Doch, wundersam, du lächelst: Gib!
Und stellst mir's Heil zu Handen.

Es geht ein Stern und funkelt sehr,
Es ist ein Bote kommen her;
Der spricht mit lautem Schallen:
Soll Ehre droben Gott allein
Und Friede bei den Menschen sein
Und Heil den Herzen allen!

Rudolf Alexander Schröder

Herbergsuche

Die Herberg hieß zum goldnen Stern
„Mein Haus ist voll zum Bersten",
sprach rauh der Wirt, „von feinen Herrn.
Wer eh kommt, malt am ersten."

Sankt Josef bat um Platz im Heu.
Maria sprach bescheiden:
„Wollt allenfalls uns auf der Streu
zusamt dem Esel leiden!"

Der Leutgeb, unwirsch, hieß sie ziehn.
„Zum Mohren geht hinüber!"
Bei sich: „An solchem Pack verdien
ich keinen halben Stüber."

Im Mohren blieb man taub. Im Bärn
Log man, der Raum sei alle.
Der Esel aber, ihn roch fern
Das Heu an, schritt zum Stalle.

Sie littens. Und was Geiz verwehrt
Den stolzen, reichen Wirten,
das Heil zu wärmen, o, gewährt
dem Vieh wards und den Hirten.

Wilhelm Szabo

Ballade von der Erhöhung der erniedrigten Kreatur

Und wieder rundete sich ein Jahrtausend
und längst im Gleichmaß lief die alte Welt.
Der Sterne Chor, die Wasserfälle brausend,
der Falter und die Lilie auf dem Feld –
ein Jegliches pries Gott, den Herrn der Erde
mit seiner unnachahmlichen Gebärde.
Allein der Mensch, seit seinem Sündenfall,
war Unmuts voll und friedlos überall.

Doch war sein Hilferuf nicht leer verklungen.
Schon schlief ein Knabe in Mariens Schoß.
Propheten hatten viel von ihm gesungen.
Der Stern war nahe und die Hoffnung groß.
Gott war bereit, der Keim schlug Wurzeln schon.
Da standen Ochs und Esel vor dem Thron.

„Sieh hier mein Fell" – so sprach der Esel stockend,
„von täglich hundert Hieben ausgeklopft,
die Läuse und die Fliegenschwärme lockend,
das Blut, das dick aus meinen Knien tropft!
Und hier mein Freund, der gute Ochse, sieh ihn an,
der nicht einmal beim Dreschen fressen kann,
weil man ihm dabei noch das Maul verschnürt –
weißt du, was er ein kläglich Dasein führt …?"

„Was trag ich", nahm der Ochse selbst die Rede,
„ein bittres Los und rühre mich genug!
Ich leiste jede Arbeit, aber jede:
am Mühlrad, auf dem Reisfeld, vor dem Pflug.
Es schlägt der Wolf das Lamm und die Gazelle
der Löwe, wenn es ihrer Gier behagt.
Kaum einer ist, der sich an seiner Stelle
so redlich um ein bißchen Grummet plagt!
Wann wirst du uns – im Guten oder Bösen –
von dieser unsrer Knechtsgestalt erlösen?"

So standen beide traurig und verdrossen
und scharrten recht verlegen mit dem Huf.
Gott aber hatte seinen Blick geschlossen
und dachte nach. „Als ich die Welt erschuf",
so sprach er seufzend, „war die ganze Erde
ein Paradies und jeder lebte frei:
Der Hund, der Esel, du, die schönen Pferde.
Und friedlich waren Löwe, Aar und Hai.
Bedankt euch bei den Menschen und der
Schlange!"
Gott sprachs, und Mißmut furchte seine Wange.

„Doch gut, ich will dafür nicht euch noch
schmähen.
Vielleicht, daß ich den Menschen bessern kann.
Dann könnt es auch euch beiden besser gehen.
Doch – euch zu wandeln steht selbst mir nicht an.
Ein Löwe vor dem Pflug? Der Tiger Säcke
tragend?

Seid, was ihr seid! Und seid es gern und ganz.
Dem Herzen eures Herrn seid ihr entsagend
viel näher als in Raubtiers Gier und Glanz.
Ich will – wir wollens heut nicht weitertreiben –
euch den Beweis dafür nicht schuldig bleiben."

Sie kehrten heim. Bald war das Wort vergessen,
denn Schläge gabs und karges Brot fortan.
Doch wuchs die Frucht Mariens unterdessen
zu ihrer letzten vollen Süße an.
Und eines Nachts traf eine Stimme (wessen,
sie wusstens nicht) das traurige Gespann
und rief sie als Gesandte ihrer Sippe
an eines alten Stalles schmale Krippe.

Da lag ein Kind, ein Kind, das neu geboren.
Die Mutter kniete fromm. Es stand ein Mann
andächtig bei. Und jubelnd vor den Toren
und von den Himmeln hob ein Singen an.
Und Hirten kamen in des Raumes Dämmer,
auf ihren Schultern manche kleine Lämmer.
Und überm Hause hing unsagbar mild
des nie geschauten Sternes klares Bild.

Sie aber standen stumm und staunend beide.
Ihr Atem dampfte wärmend um das Kind.
Sie fühlten eine nie empfundene Freude
und waren diesen Menschen wohlgesinnt.
Sie standen Tage. Ach, es war das Fressen,
die Hiebe und das harte Los vergessen.
Denn sie vernahmen, dies sei Gottes Kind.

Triumph der Liebe, Trost der Kreaturen …
Es kamen Könige zur Reverenz.
O, welche Ehrn dem Kind da widerfuhren!
Ein Heiland wars. Ein Esel selbst erkennts!
Weit strich der Löwe um die seligen Fluren.
Der Adler trieb am Saum des Firmaments.
Und draußen blieb der schönen Pferde Schar.
Und draußen selbst des Mohren Dromedar.

Und so erkannten beide Gottes Güte.
(Und Gottes Wort, selbst in des Esels Ohr,
es muss wohl gelten.) Und ihr Mut erglühte.
Denn wahre Einfalt ist ein weites Tor.
Da bricht die Liebe wie durch offne Schleusen
und treibt die Fischer ab mitsamt den Reusen.

Ach, dass sie regne all auf Hirt und Herde und
Friede käme für die Erde, unser aller Erde!

Rudolf Hagelstange

Das Kind

In einem Kripplein lag ein Kind

In einem Kripplein lag ein Kind;
da stand ein Esel und ein Rind,
dabei war auch die Jungfrau klar,
Maria, die das Kind gebar.
Jesus, der Herre mein,
der war das Kindelein.

Da sang dem Kind der Engel Chor
mit süßer Stimm gar hoch empor:
Gloria, Lob und Würdigkeit
sei Gott im Himmelreich bereit't!
Jesus, der Herre mein,
der war das Kindelein.

Dies macht der Herr den Hirten kund,
darum so liefen sie zur Stund
gen Bethlehem und fanden so
das edle Kind und wurden froh.
Jesus, der Herre mein,
der war das Kindelein.

Zur Stund entbrannt des Sternes Schein,
daß es ward kund den Weisen drei'n
im fernen Land, im Orient,
die brachten ihre Gab behend.
Jesus, der Herre mein,
der war das Kindelein.

Heinrich von Laufenberg

Über die Geburt Christi

Kind, dreimal süßes Kind! in was bedrängten Nöten
Bricht dein Geburts-Tag ein! Der Engel-Scharen Macht
Bejauchzet deine Kripp und singt bei stiller Nacht;
Die Hirten preisen dich mit hellgestimmten
Flöten. Ach, um mich klingt der Hall der rasenden Trompeten,
der rauhe Pauken-Klang, der Büchsen Donner kracht.
Du schläfst; der tolle Grimm der schnellen Zwietracht wacht
Und dräut mit Stahl und Schwert und Flamm und Haß und Töten.

O Friede-Fürst! Lach uns aus deinen Windeln an!
Daß mein bestürztes Herz, das nichts als seufzen kann,
Dir auch ein Freuden-Lied, o Sohn der Jungfrau! bringe.
Doch wenn ich, Gott! Durch dich mit Gott Friede steh,
So kann ich fröhlich sein, ob auch die Welt vergeh,
Indem du in mir ruhst. O Kind! mein Wunsch gelinge!

Andreas Gryphius

Zu Bethlehem geboren

Zu Bethlehem geboren
ist uns ein Kindelein,
dies hab ich auserkoren,
sein eigen will ich sein.

In seine Lieb versenken
will ich mich ganz hinab;
mein Herz will ich ihm schenken
und alles, was ich hab.

O Kindelein, von Herzen
will ich Dich lieben sehr,
in Freuden und in Schmerzen,
je länger mehr und mehr.

Dich, wahren Gott, ich finde
in meinem Fleisch und Blut,
darum ich fest mich binde
an Dich, mein höchstes Gut.

Dazu dein Gnad mir gebe,
bitt ich aus Herzensgrund,
daß ich allein dir lebe,
jetzt und zu aller Stund.

Laß mich von Dir nicht scheiden,
knüpf zu, knüpf zu das Band
der Liebe zwischen beiden.
Nimm hin mein Herz zum Pfand.

Friedrich von Spee

Ich steh an deiner Krippen hier

Ich steh an deiner Krippen hier,
O Jesulein, mein Leben;
Ich komme, bring und schenke dir,
Was du mir hast gegeben.
Nimm hin, es ist mein Geist und Sinn,
Herz, Seel und Mut, nimm alles hin
Und laß dirs wohlgefallen.

Du hast mit deiner Lieb erfüllt
Mein Adern und Geblüte,
Dein schöner Glanz, dein süßes Bild
Liegt mir ganz im Gemüte.
Und wie mag es auch anders sein:
Wie könnt ich dich, mein Herzelein,
Aus meinem Herzen lassen!

Da ich noch nicht geboren war,
Da bist du mir geboren
Und hast mich dir zu eigen gar,
Eh ich dich kannt, erkoren.
Eh ich durch deine Hand gemacht,
Da hast du schon bei dir gedacht,
Wie du mein wolltest werden.

Ich lag in tiefster Todesnacht,
Du warest meine Sonne,
Die Sonne, die mir zugebracht
Licht, Leben, Freud und Wonne.
O Sonne, die das werte Licht
Des Glaubens in mir zugericht't,
Wie schön sind deine Strahlen!

Ich sehe dich mit Freuden an
Und kann mich nicht satt sehen,
Und weil ich nun nicht weiter kann,
So tu ich, was geschehen.
O daß mein Sinn ein Abgrund wär
Und meine Seel ein weites Meer,
Daß ich dich möchte fassen!

Vergönne mir, o Jesulein,
Daß ich dein Mündlein küsse,
Das Mündlein, das den süßen Wein,
Auch Milch und Honigflüsse
Weit übertrifft in seiner Kraft,
Es ist voll Labsal, Stärk und Saft,
Der Mark und Bein erquicket.

Wenn oft mein Herz im Leibe weint
Und keinen Trost kann finden,
Da ruft mirs zu: Ich bin dein Freund,
Ein Tilger deiner Sünden!
Was trauerst du, mein Brüderlein?
Du sollst ja guter Dinge sein,
Ich zahle deine Schulden.

Wer ist der Meister, der allhier
Nach Würden aus kann streichen
Die Händlein, so dies Kindlein mir
Beginnet zuzureichen?
Der Schnee ist hell, die Milch ist weiß,
verlieren doch beid ihren Preis,
Wann diese Händlein blicken.

Wo nehm ich Weisheit und Verstand,
Mit Lobe zu erhöhen
Die Äuglein, die so unverwandt
Nach mir gerichtet stehen?
Der volle Mond ist schön und klar,
Schön ist der güldnen Sterne Schar,
Dies' Äuglein sind viel schöner.

O daß doch ein so lieber Stern
Soll in der Krippen liegen!
Für edle Kinder großer Herrn
Gehören güldne Wiegen.
Ach, Heu und Stroh ist viel zu schlecht,
Samt, Seide, Purpur wären recht,
Dies Kindlein drauf zu legen.

Nehmt weg das Stroh, nehmt weg das Heu,
Ich will mir Blumen holen,
Das meines Heilands Lager sei
Auf Kränzen und Violen.
Mit Rosen, Nelken, Rosmarin
Aus schönen Gärten will ich ihn
Von obenher bestreuen.

Zur Seiten will ich hie und da
Viel weiße Lilien stecken,
Die sollen seiner Äuglein Paar
Im Schlafe sanft bedecken.
Doch liebt vielmehr das dürre Gras
Dies Kindelein, als alles das,
Was ich hier nenn und denke.

Du fragest nicht nach Lust der Welt
Noch nach des Leibes Freuden,
Du hast dich bei uns eingestellt,
An unsrer Statt zu leiden,
Suchst meiner Seelen Herrlichkeit,
Durch dein selbsteignes Herzeleid,
Das will ich dir nicht wehren.

Eins aber, hoff ich, wirst du mir,
Mein Heiland, nicht versagen:
Dass ich dich möge für und für
In, bei und an mir tragen.
So lass mich doch dein Kripplein sein;
Komm, komm und lege bei mir ein
Dich und all deine Freuden.

Zwar sollt ich denken, wie gering
Ich dich bewirten werde,
Du bist der Schöpfer aller Ding,
Ich bin nur Staub und Erde.
Doch bist du so ein frommer Gast,
Daß du noch nie verschmähet hast
Den, der dich gerne siehet.

Paul Gerhardt

Fern im Osten wird es helle

Fern im Osten wird es helle,
Graue Zeiten werden jung;
Aus der lichten Farbenquelle
Einen langen tiefen Trunk!

Alter Sehnsucht heilige Gewährung,
Süße Lieb' in göttlicher Verklärung!

Endlich kommt zur Erde nieder
Aller Himmel selges Kind,
Schaffend im Gesang weht wieder
Um die Erde Lebenswind,
Weht zu neuen ewig lichten Flammen
Längst verstiebte Funken hier zusammen.

Überall entspringt aus Grüften
Neues Leben, neues Blut;
Ewgen Frieden uns zu stiften,
Taucht er in die Lebensflut;
Steht mit vollen Händen in der Mitte,
Liebevoll gewärtig jeder Bitte.

Lasse seine milden Blicke
Tief in deine Seele gehn,
Und von seinem ewgen Glücke
Sollst du dich ergriffen sehn.
Alle Herzen, Geister und die Sinnen
Werden einen neuen Tanz beginnen.

Greife dreist nach seinen Händen,
Präge dir sein Antlitz ein,
Mußt dich immer nach ihm wenden,
Blüte nach dem Sonnenschein;
Wirst du nur das ganze Herz ihm zeigen,
Bleibt er wie ein treues Weib dir eigen.

Unser ist sie nun geworden,
Gottheit, die uns oft erschreckt,
Hat im Süden und im Norden
Himmelskeime rasch geweckt,
Und so laßt im vollen Gottesgarten
Treu uns jede Knosp' und Blüte warten.

Novalis

Zu Bethlehem, da ruht ein Kind

Zu Bethlehem, da ruht ein Kind,
im Kripplein eng und klein,
das Kindlein ist ein Gotteskind,
nennt Erd' und Himmel sein.

Zu Bethlehem, da liegt im Stall,
bei Ochs und Eselein,
der Herr, der schuf das Weltenall,
als Jesukindchen klein.

Von seinem goldnen Thron herab
bringt's Gnad und Herrlichkeit,
bringt jedem eine gute Gab',
die ihm das Herz erfreut.

Der bunte Baum, vom Licht erhellt,
der freuet uns gar sehr,
ach, wie so arm die weite Welt,
wenn's Jesukind nicht wär'!

Das schenkt uns Licht und Lieb' und Lust
in froher, heilger Nacht.
Das hat, als es nichts mehr gewußt,
sich selbst uns dargebracht.

O wenn wir einst im Himmel sind,
den lieben Englein nah,
dann singen wir dem Jesukind
das wahre Gloria.

Annette von Droste-Hülshoff

Weihnachten

Der Gestirne schweigendes Gewander
dreht sich langsam über Dorf und Flur.
Zwei Planeten strahlen beieinander.
Tiefer träumt als sonst die Kreatur.

Da entsteht ein Sturm von Engelchören,
aus den Himmeln fährt's wie Feuerglanz.
Und die Hirten, weidend unter Föhren,
knien und geben sich verloren ganz.

Fremdlinge mit Kronen auf den Mützen
kommen schimmernd durch die Nachtluft her.
Traurig-trunken ihre Augen blitzen
vom Geheimnis und vom Tode schwer.

Und ein Kind befühlt mit kleinen, stummen
Händen seiner Mutter Angesicht.
Kühe äugen unter Kau'n und Brummen
auf die beiden im verklärten Licht.

Denkend stehn die Fremden und die Hirten
und erschauernd um das Kind gebückt.
Und es lacht und spielt mit dem durchflirrten
Haar der Mutter, still in sich beglückt.

Manfred Hausmann

Kaschubisches Weihnachtslied

Wärst du, Kindchen, im Kaschubenlande,
wärst du, Kindchen, doch bei uns geboren!
Sieh, du hättest nicht auf Heu gelegen,
wärst auf Daunen weich gebettet worden.

Nimmer wärst du in den Stall gekommen,
dicht am Ofen stünde warm dein Bettchen,
der Herr Pfarrer käme selbst gelaufen,
dich und deine Mutter zu verehren.

Kindchen, wie wir dich gekleidet hätten!
Müsstest eine Schaffellmütze tragen,
blauen Mantel von kaschubischem Tuche,
pelzgefüttert und mit Bänderschleifen.

Hätten dir den eignen Gurt gegeben,
rote Schuhchen für die kleinen Füße,
fest und blank mit Nägelchen beschlagen!
Kindchen, wie wir dich gekleidet hätten!

Kindchen, wie wir dich gefüttert hätten!
Früh am Morgen weißes Brot mit Honig,
frische Butter, wunderweiches Schmorfleisch,
mittags Gerstengrütze, gelbe Tunke,

Gänsefleisch und Kuttelfleck mit Ingwer,
fette Wurst und goldnen Eierkuchen,
Krug um Krug das starke Bier aus Putzig!
Kindchen, wie wir dich gefüttert hätten!

Und wie wir das Herz dir schenken wollten!
Sieh, wir wären alle fromm geworden,
alle Knie würden sich dir beugen,
alle Füße Himmelswege gehen.

Niemals würde eine Scheune brennen,
sonntags nie ein trunkner Schädel bluten –
wärst du, Kindchen, im Kaschubenlande,
wärst du, Kindchen, doch bei uns geboren!

Werner Bergengruen

Christi Geburt

Da ergriff ein Sturm die Hohen Heere
und die Seraphim durchstießen schon
meteorengleich die Ionosphäre,
und sie standen in der weißen Leere
überm Schnee des Libanon.

Tausend Stimmen fingen an zu singen
und zerschmetterten den großen Baal.
Und die augenübersäten Schwingen,
die wie Donner in den Lüften hingen,
rauschten durch das Jordantal.

Doch der Engel Höchster flog in Richtung
Bethlehem und auf Befehl des Herrn
hängte er dort hoch in eine Lichtung
zwischen Haß und Folter und Vernichtung
einen Stern.

Dagmar Nick

Wird Christus tausendmal in Bethlehem geboren

Wird Christus tausendmal in Bethlehem geboren
und nicht in dir, du bleibst noch ewiglich verloren.

Gott schleußt sich unerhört in Kindes Kleinheit ein:
Ach möchte ich doch ein Kind in diesem Kinde sein.

Ach könnte nur dein Herz zu einer Krippe werden,
Gott würde noch einmal ein Kind auf dieser Erden.

Merk, in der stillen Nacht wird Gott, ein Kind, geboren,
und wiederum ersetzt, was Adam hat verloren.

Ist deine Seele still und dem Geschöpfe Nacht,
so wird Gott in dir Mensch und alles wiederbracht.

Hier liegt das werte Kind, der Jungfrau erste Blum,
der Engel Freud und Lust, der Menschen Preis und Ruhm.

Soll er dein Heiland sein und dich zu Gott erheben,
so musst du nicht sehr weit von seiner Krippe leben.

Der Himmel senkte sich, er kommt und wird zur Erden;
wann steigt die Erd empor und wird zum Himmel werden?

Angelus Silesius

Hirten und Könige

Vor Gott geht's göttlich her

Vor Gott geht's göttlich her;
und nicht nach Stand und Würden.
Herodem läßt er leer,
mit seinem ganzen Heer;
und Hirten auf dem Felde bei den Hürden
erwählet er.

Sie saßen da und hüteten im Dunkeln ihre Herde
mit unbefangenem frommen Sinn;
da stand vor ihnen, an der Erde,
der Engel Gottes und trat zu ihnen hin,
und sie umleuchtete des Herrn Klarheit,
und er sagte ihnen die Wahrheit.
Und eilend auf sie standen,
gen Bethlehem zu gehn;
und kamen hin und fanden,
ohn weiters zu verstehn,
Mirjam und Joseph beide,
und in der Krippen lag zu ihrer großen Freude
in seinem Windelkleide
aus Grummet von der Weide
der Knabe wunderschön.

Matthias Claudius

Friede auf Erden!

Da die Hirten ihre Herde
Ließen und des Engels Worte
Trugen durch die niedre Pforte
Zu der Mutter und dem Kind,
Fuhr das himmlische Gesind
Fort im Sternenraum zu singen,
Fuhr der Himmel fort zu klingen:
„Friede, Friede! auf der Erde!"

Seit die Engel so geraten,
O wie viele blut'ge Taten
Hat der Streit auf wildem Pferde,
Der geharnischte, vollbracht!
In wie mancher heil'gen Nacht
Sang der Chor der Geister zagend,
Dringlich flehend, leis verklagend:
„Friede, Friede … auf der Erde!"

Doch es ist ein ewger Glaube,
Daß der Schwache nicht zum Raube
Jeder frechen Mordgebärde
Werde fallen allezeit:
Etwas wie Gerechtigkeit
Webt und wirkt in Mord und Grauen
Und ein Reich will sich erbauen,
Das den Frieden sucht der Erde.

Mählich wird es sich gestalten,
Seines heil'gen Amtes walten,

Waffen schmieden ohne Fährde,
Flammenschwerter für das Recht,
Und ein königlich Geschlecht
Wird erblühn mit starken Söhnen,
Dessen helle Tuben dröhnen:
Friede, Friede auf der Erde!

Conrad Ferdinand Meyer

Die Hirten

Es roch so warm nach den Schafen,
Da sind sie eingeschlafen.
O Wunder was geschah:
Es ist eine Helle gekommen,
Ein Engel stand da.

Sie haben sein Wort vernommen,
War schwer zu verstehen.
Sie mußten nach Bethlehem gehen
Und sehen.

Sie haben vor der Krippen
Aus runden Augen geschaut.
Sie stießen sich stumm die Rippen.
Einer hat sich gekraut,
Einer drückte sich gegen die Wand,
Einer schneuzte sich in die Hand
Und wischte sich über die Lippen.

Aber Iwan Akimitsch, der vorne stand,
Der den heimlichen Branntwein braut,
Ivan Akimitsch vom Wiesenrand,
Iwan Akimitsch hat sich endlich getraut,
Hat dreimal gespuckt,
Dreimal geschluckt,
Dann sagte er laut:

„Wir haben nicht immer gut getan.
Du liebes Kind,
Schau uns nur einmal freundlich an,
Geh, tu's geschwind."

Da war ihnen leicht, sie wußten nicht wie,
Da fielen sie alle in die Knie,
Da lachte das Kind und segnete sie.
Josef lächelte und Marie.

Werner Bergengruen

Der verspätete Hirt

Ich schreckte auf vom Schlafe,
fuhr in die Nagelschuh,
und meine braven Schafe
die taten selbst im Schlafe
noch ihre Stimm' dazu

zu jenem hellen Schalle,
der mich vom Schlafe rief,
die andern Hirten alle
die eilten schon dem Schalle
nach, da lag der Schnee so tief.

Der Wind sprang mir entgegen,
als ich die Tür auftat,
da kam auf allen Wegen
vom Himmel hoch entgegen
ein Jubellied aus Gnad.

Da steh' ich vor der Hütte,
wie brennt das Herz in mir!
Sie knieen um die Schütte,
die andern in der Hütte,
ich stehe an der Tür.

Soll ich hinein mich wagen
zum Kindlein dort so zart?
Es rinnt, kaum zu ertragen
(warum, ich kann's nicht sagen),
die Trän' mir in den Bart.

Johannes Bobrowski

Bericht des alten Hirten

Weil ihr mich drängt, so will ich's erzählen …
Ach, es ist eine herbe Geschichte. Früher,
wenn ich sie sagte, tat ich mich wichtig,
schmückte sie aus. – Nun rüst ich zum Sterben.
Hört dann die Wahrheit, die reine und nackte
Wahrheit. Und die verlangt nicht nach Schmucke.
Augen will sie, sehende Augen;
Ohren, die hören; Herzen …

Hütejunge
war ich, im ersten Winter, der wie eine
gläserne Glocke über dem Land stand,
das klirrte im Frost. Und die Nächte
waren nicht tragbar ohne ein Feuer.
So eine Nacht wars. Ich hatte ein wenig geschlafen,
eng an die anderen Buben gedrückt. Da
weckt uns Elias, einer von uns, der immer umherstrich.

Ich weiß noch, wie er uns weckte, und seh ihn,
bebend in seinem fadenscheinigen Mantel
und bebend vor Mitleid ans Feuer treten.
„Schlaft nicht!" rief er, vom Zucken der Flammen
jäh überhuscht. Er riß uns am Ärmel,
ungeduldig, fast zornig. „Schlaft nicht! Dahinten
geht es ums Leben!"

Wir mußten
Holz aufnehmen und Käse und Brot,

Milch in den Krug tun. Dazwischen
warf er in Brocken das fremde Begebnis und trieb
uns und die Älteren, die murrten, zur Eile.
Er schürte die Neugier, schürte das Mitleid und war
fast wie der Engel, der nachts den Tobias
auftrieb zur Reise.

Wir kamen
an eine windschiefe Hütte. Ein Stall wars. Da
stand noch ein magerer Ochse. Ein Esel auch lag
traurig im Winkel. Doch trauriger noch
waren die Menschen: Im Heu
lag eine jüngere Frau und wand sich in Wehen.
Rührend, mit frostblauen Händen, Tränen im Bart,
drehte sich hilflos und tappig ein guter
Alter im Kreise fruchtlosen Tuns:
Da rief ihn die Frau an. Da rauchte das Feuer.
Da losch die Lampe im Windzug …

Wir kamen –
da ließ er von alldem und kniete
schluchzend zum Weibe. Ihr wißt nicht,
wie viele Hände man hat, wenn das Herz will.
Felle und Decken warfen wir über die beiden,
rieben dem Alten die gichtigen Finger, flößten
Milch in die fiebernde Frau. Wir Jungen
mußten draußen ein Feuer zünden und Wasser
hitzen. Wir waren (versteht sich) im Wege.
Indessen taten die Hirten drinnen, was not war.

Auf einmal war da ein Schrei. Eine Schnuppe –
ich sehs noch! – fuhr durch den Himmel. Wir wußten:
Einer ist mehr auf der Welt. Und gerufen
traten wir dann in den Stall, zuvörderst Elias.
Wir sahen das Kind. Es gehörte den beiden
nicht mehr als uns allen! Und plötzlich war jedes
von Grund auf verändert. Der Alte war selig.
Er ging wie ein Tanzbär rund um das Lager
und sah auf die Frau. Die lag auf dem Stroh,
bleich wie der Tod; doch über die Blässe
blühte, wie Krokus im Schnee, ein Lächeln;
das war unbeschreiblich.

Singend
zogen wir heim. Wir versorgten die drei
täglich mit jedem. Nach Tagen
kamen auch fürstliche Herren zu Roß. Sie kamen
sicher aus anderer Welt. Die Hiesigen, fürcht ich,
haben die Straße verfehlt zu unserem Kinde.

Ich aber sah es und gehe in Frieden.

Rudolf Hagelstange

Die Nacht der Hirten

Es lagen im Felde die Hirten bei Nacht,
die haben gefroren und haben gewacht.
Die waren wohl hungrig, die waren wohl müd,
wie's heute noch Hirten im Felde geschieht.

Da scholl in den Lüften ein Jubelgeschrei,
sie hörten's und kamen voll Freude herbei,
vergaßen den Schlummer, verschmerzten die Pein
und drangen zum Stall und zur Krippe hinein.

Und was sie gesehen, wir sehen es heut,
und alle, die's sehen, sind selige Leut,
sind selig und fröhlich und gehen mit Gesang
und sagen dem Kinde Lob, Ehre und Dank.

Die himmlischen Chöre, sie singen wohl hell,
viel heller denn Menschen. Doch komm nur, Gesell,
die Kehle gewetzt und die Stimme geprobt:
Wer nimmer gesungen, heut singt er und lobt.

Die himmlischen Sterne sind alle Nacht schön,
doch heute blickt einer aus himmlischen Höhn,
der zeigt uns den Weg, und wir folgen geschwind
und segnen die Mutter und grüßen ihr Kind.

Rudolf Alexander Schröder

Der unverständige Hirt

Der Hirte, krausgelockt und dick,
der am Feuer sich das Lammstück briet,
sahs mit einem Blick voll Glück,
wie ihm die Kruste glänzend braun geriet.

Viele Feuer waren in der Runde,
warfen rotes Flackern auf die Erde,
und es bellten treu die Schäferhunde,
wenn sich jemand näherte der Herde.
Der beim Mahle saß, der dicke Hirt,
unruhig werden sah er die Gefährten,
sah sie wie schwankend aufstehn und verwirrt,
und er sah, wie sich die Feuer leerten.

Männer sah er gehen da und dort,
alle strebten sie zum gleichen Ort.
Wer vorbeikam, winkte mit der Hand,
sagte etwas, was er nicht verstand,
ehe er im Dunkeln wieder schwand.
Nur er blieb beim Mahl am Feuerschein,
alle andern Feuer brannten still für sich allein.

Da stand er auch auf und ging ihnen nach,
und aß im Gehen noch die letzten Bissen.
Wollte wissen, was die da wohl trieben,
warum vor einem Stalle stehenblieben,
ihre runden Schäferhüte schwenkten,
die Hirtenstäbe in die Erde senkten,

an die Stäbe vorgeneigt sich lehnten,
und die Hälse vor Verlangen dehnten?

Und da sah er auch das Sternbild überm Dach,
und der Balken nackte Rippen,
und das Kind im goldnen Haar.
Und wenn er auch nicht wußte, wer das war,
so schämte er sich, das zu zeigen.
Und vom Himmel hörte ers jetzt geigen,
sah die Engel niedersteigen
flügelgroß vor blauem Grund,
hörte sie viel Gnädiges sagen,
und er wagte nichts zu fragen,
leckte sich die fetten Lippen,
staunte nur mit offnem Mund.

Und die Hirten fielen auf die Knie,
schwenkten ihre Hüt wie nie,
er allein nur stand – und schwenkte
traurig seinen Hut wie sie.

Georg Britting

Die Hirtenstrophe

Wir gingen nachts gen Bethlehem
und suchten über Feld
den schiefen Stall aus Stroh und Lehm,
von Hunden fern umbellt.

Und drängten auf die morsche Schwell
und sahen an das Kind.
Der Schnee trieb durch die Luke hell
und draußen Eis und Wind.

Ein Ochs nur blies die Krippe warm,
der nah der Mutter stand.
Wie war ihr Kleid, ihr Kopftuch arm,
wie mager ihre Hand.

Ein Esel hielt sein Maul ins Heu,
fraß Dorn und Distel sacht.
Er rupfte weich die Krippenstreu,
o bitterkalte Nacht.

Wir hatten nichts als unsern Stock,
kein Schaf, kein eigen Land,
geflickt und fasrig war der Rock,
nachts keine warme Wand.

Wir standen scheu und stummen Munds:
Die Hirten, Kind, sind hier.
Und beteten und wünschten uns
Gerät und Pflug und Stier.

Und standen lang und schluckten Zorn,
weil uns das Kind nicht sah.
Griff nicht das Kind dem Ochs ans Horn
und lag dem Esel nah?

Es brannte ab der Span aus Kien.
Das Kind schrie und schlief ein.
Wir rührten uns, feldein zu ziehn.
Wie waren wir allein!

Daß diese Welt nun besser wird,
so sprach der Mann der Frau,
für Zimmermann und Knecht und Hirt,
das wisse er genau.

Ungläubig hörten wir's – doch gern.
Viel Jammer trug die Welt.
Es schneite stark. Und ohne Stern
ging es durch Busch und Feld.

Gras, Vogel, Lamm und Netz und Hecht,
Gott gab es uns zu Lehn.
Die Erde aufgeteilt gerecht,
wir hätten's gern gesehn.

Peter Huchel

Die Heiligen Drei Könige

Legende

Einst als am Saum der Wüsten sich
auftat die Hand des Herrn
wie eine Frucht, die sommerlich
verkündet ihren Kern,
da war ein Wunder: Fern
erkannten und begrüßten sich
drei Könige und ein Stern.

Drei Könige von Unterwegs
und der Stern Überall,
die zogen alle (überlegs!)
so rechts ein Rex und links ein Rex
zu einem stillen Stall.

Was brachten die nicht alles mit
zum Stall von Bethlehem!
Weithin erklirrte jeder Schritt,
und der auf einem Rappen ritt,
saß samten und bequem.
Und der zu seiner Rechten ging,
der war ein goldner Mann,
und der zu seiner Linken fing
mit Schwung und Schwing
und Klang und Kling
aus einem runden Silberding,
das wiegend und in Ringen hing,
ganz blau zu rauchen an.

Da lachte der Stern Überall
so seltsam über sie,
und lief voraus und stand am Stall
und sagte zu Marie:

Da bring ich eine Wanderschaft
aus vieler Fremde her.
Drei Könige mit magenkraft*,
von Gold und Topas schwer
und dunkel, tumb und heidenhaft –
erschrick mir nicht zu sehr.
Sie haben alle drei zuhaus
zwölf Töchter, keinen Sohn,
so bitten sie sich deinen aus
als Sonne ihres Himmelblaus
und Trost für ihren Thron.
Doch musst du nicht gleich glauben: bloß
ein Funkelfürst und Heidenscheich
sei deines Sohnes Los.
Bedenk, der Weg ist groß.
Sie wandern lange, Hirten gleich,
inzwischen fällt ihr reifes Reich
weiß Gott wem in den Schoß.
Und während hier, wie Westwind warm,
der Ochs ihr Ohr umschnaubt,
sind sie vielleicht schon alle arm
und so wie ohne Haupt.

* mittelhochdeutsch: >Macht< (RMR.)

Drum mach mit deinem Lächeln licht
die Wirrnis, die sie sind,
und wende du dein Angesicht
nach Aufgang und dein Kind;
dort liegt in blauen Linien,
was jeder dir verließ:
Smaragda und Rubinien
und die Tale von Türkis.

Rainer Maria Rilke

Anbetung

Wir sind mit unsrer Königsmacht
schwermütig hergeritten.
Es schneite auf uns Tag und Nacht
auf Mann und Pferd und Schlitten.

Die Tür geht auf, es summt der Wind,
wir beugen unsern Rücken,
da wir die Krippe und das Kind
im Dämmerlicht erblicken.

Hier ist das Gold, der Weihrauch hier
und hier, o Kind, die Myrrhe.
Du lächelst, und schon werden wir
an unsern Gaben irre.

Wir haben anders dich geglaubt.
Nun treten wir ins Dunkel
und heben ab von unserm Haupt
der Kronen Goldgefunkel.

Das Wissen von der bunten Welt,
vom Meer und seinen Häfen,
vom Mond und Stern am Himmelszelt,
wir streifen's von den Schläfen.

Das Ich, das trotzig sich erschuf
über den andern allen,
will nun wie ein verlorner Ruf
im Innersten verhallen.

Wir neigen unsers Alters Gram
auf deine kleinen Hände.
Und in dem Neigen wundersam
geht alle Not zu Ende.

Die Pferde draußen schütteln sich
und klirren mit den Glocken.
Und lautlos fallen Strich an Strich
darüberhin die Flocken.

Manfred Hausmann

Dreikönigsritt

Die Nächte waren wie versiegelt.
Doch sie durchbrachen sie mit ihrem Ritt
und rissen ganze Völker mit sich mit,
weil sich in ihrem Blick ein Stern gespiegelt;
der stand wie eine Flamme im Zenit.

Und ihnen war, als ritten sie schon Jahre.
Sie schwankten schwer in ihrem goldnen Glast,
getürmt im Sattel ihrer Dromedare.
Der Sand stob ihnen die Haare
unter der Kronen heiße Last.
Die Wüste schrie.
Sie aber, wunderbare Schahs und Scheiche,
vergaßen ihre märchenhaften Reiche
und suchten eine neue Dynastie.

Und plötzlich wurde dann der Wind
ganz still. Die Landschaft schien sich zu erweitern.
Und später hörte man von den Begleitern,
ihren Kameltreibern und ihren Reitern:
es war da nur in einem Stall ein Kind,
um ihre Herrscher völlig zu zerscheitern.

Denn diese stürzten wie in einem Zwange
erblindet auf die Knie.
Sie fühlten sich in ihrem Untergange
und waren bange.

Und so pressten sie
ihre verstörten Angesichte
fest auf den Boden vor dem großen Lichte
und knieten außer Sinnen, lange. Lange.

Dagmar Nick

Die Weisen

Da glänzt ein Stern, wie keiner noch
den Kundigen erschienen.
Auch andre glänzen, dieser doch
glänzt wie ein König unter ihnen.

Legt Maß und Zirkel aus der Hand
und seht nach den Kamelen!
Den Weihrauch nicht aus Samarkand,
die Myrrhe laßt, das Gold nicht fehlen!

Es kann nichts geben, was uns schreckt,
nicht Berg, nicht Fluß, nicht Wüstenweiten,
durch die sich unser Weg erstreckt,
wir müssen reiten, reiten, reiten …

Wohnt er im Haus, wohnt er im Zelt,
dem so ein Stern beschieden,
ein König gar und bringt der Welt
den unbegreiflichen, den Frieden?

Wir bleiben nirgends lange stehn.
Er glänzt noch fern im Westen.
Bald können wir im Fluss ihn sehn,
bald in den Therebinthenästen.

Wer weiß, wie lang die Reise wird?
Vielleicht nach hundert Tagen
erkennen wir, dass wir geirrt.
Er glänzt und schweigt. Wir müssen's wagen.

Manfred Hausmann

Wundernacht

O Freudenzeit, o Wundernacht

O Freudenzeit, o Wundernacht,
dergleichen nie gefunden,
du hast den Heiland hergebracht,
der alles überwunden,
du hast gebracht den starken Mann,
der Feuer und Wolken zwingen kann,
vor dem die Himmel zittern
und alle Berg' erschüttern.

Brich an, du schönes Morgenlicht,
und laß den Himmel tragen!
Du Hirtenvolk, erschrecke nicht,
weil dir die Engel sagen,
daß dieses schwache Knäbelein
soll unser Trost und Freude sein,
dazu den Satan zwingen
und letztlich Frieden bringen.

Lob, Preis und Dank, Herr Jesu Christ,
sei dir von mir gesungen,
daß du mein Bruder worden bist
und hast die Welt bezwungen,
hilf, daß ich deine Gütigkeit
stets preis' in dieser Gnadenzeit
und mög' hernach dort oben
in Ewigkeit dich loben.

Johann Rist

Über die Geburt Jesu

Nacht, mehr denn lichte Nacht! Nacht, lichter als der Tag!
Nacht, heller als die Sonn, in der das Licht geboren,
Das Gott, der Licht, in Licht wohnhaftig, ihm erkoren!
O Nacht, die alle Nächt und Tage trotzen mag!
O freudenreiche Nacht, in welcher Ach und Klag
Und Finsternis und, was sich auf der Welt verschworen,
Und Furcht und Höllen-Angst und Schrecken ward verloren!

Der Himmel bricht, doch fällt nunmehr
kein Donnerschlag.
Der Zeit und Nächte schuf, ist diese Nacht
ankommen
Und hat das Recht der Zeit und Fleisch an sich
genommen
Und unser Fleisch und Zeit der Ewigkeit
vermacht.
Der Jammer trübe Nacht, die schwarze Nacht der
Sünden,
Des Grabes Dunkelheit muß durch die Nacht
verschwinden.
Nacht, lichter als der Tag! Nacht, mehr
denn lichte Nacht!

Andreas Gryphius

Advent

Es treibt der Wind im Winterwalde
die Flockenherde wie ein Hirt,
und manche Tanne ahnt, wie balde
sie fromm und lichterheilig wird;
und lauscht hinaus. Den weißen Wegen
streckt sie die Zweige hin – bereit,
und wehrt dem Wind und wächst entgegen
der einen Nacht der Herrlichkeit.

Rainer Maria Rilke

Es gibt so wunderweiße Nächte

Es gibt so wunderweiße Nächte,
drin alle Dinge Silber sind.
Da schimmert mancher Stern so lind,
als ob er fromme Hirten brächte
zu einem neuen Jesuskind.

Weit wie mit dichtem Diamantenstaube
bestreut, erscheinen Flur und Flut,
und in die Herzen, traumgemut,
steigt ein kapellenloser Glaube,
der leise seine Wunder tut.

Rainer Maria Rilke

Die heilige Nacht

Gesegnet sei die heilige Nacht,
die uns das Licht der Welt gebracht!

Wohl unterm lieben Himmelszelt
die Hirten lagen auf dem Feld.

Ein Engel Gottes, licht und klar,
mit seinem Gruß tritt auf sie dar.

Vor Angst sie decken ihr Angesicht,
da spricht der Engel: „Fürcht't euch nicht!

Ich verkünd' euch große Freud:
Der Heiland ist geboren heut."

Da gehn die Hirten hin in Eil,
zu schaun mit Augen das ewig Heil;
zu singen dem süßen Gast Willkomm,
zu bringen ihm ein Lämmlein fromm. –

Bald kommen auch gezogen fern
die Heil'gen Drei König' mit ihrem Stern.

Sie knien vor dem Kindlein hold,
schenken ihm Myrrhen, Weihrauch, Gold.

Vom Himmel hoch der Engel Heer
frohlocket: „Gott in der Höh sei Ehr!"

Eduard Mörike

Die Weihe der Nacht

Nächtliche Stille!
Heilige Fülle,
Wie von göttlichem Segen schwer,
Säuselt aus ewiger Ferne daher.
Was da lebte,
Was aus engem Kreise
Auf ins Weitste strebte,
Sanft und leise

Sank es in sich selbst zurück
Und quillt auf in unbewußtem Glück.

Und von allen Sternen nieder
Strömt ein wunderbarer Segen,
Daß die müden Kräfte wieder
Sich in neuer Frische regen,
Und aus seinen Finsternissen
Tritt der Herr, so weit er kann,
Und die Fäden, die zerrissen,
Knüpft er alle wieder an.

Friedrich Hebbel

Am Weihnachtstag

Durch alle Straßen wälzt sich das Getümmel,
Maultier, Kamele, Treiber – welch Gebimmel! –
Als wolle wieder in die Steppe ziehn
Der Same Jakobs, und Judäas Himmel,
Ein Saphirscheinen über dem Gewimmel,
Läßt blendend seine Funkenströme sprühn.

Verschleiert Frauen durch die Gassen schreiten,
Schweißtriefend vom beladnen Tiere gleiten
Bejahrte Mütterchen; allüberall
Geschrei und Treiben wie vor Jehus Wagen:
Läßt wieder Jezabel ihr Antlitz ragen
Aus jener Säulen luftigem Portal?

's ist Rom, die üpp'ge Priesterin der Götzen,
Die glänzendste und grausamste der Metzen,
Die ihre Sklaven zählt zu dieser Zeit.
Mit einem Griffel, noch vom Blute träufend,
Gräbt sie in Tafeln, Zahl auf Zahlen häufend,
Der Buhlen Namen, so ihr Schwert gefreit.

O Israel, wo ist dein Stolz geblieben,
Hast du die Hände blutig nicht gerieben,
Und deine Träne war sie siedend Blut?
Nein, als zum Marktplatz deine Scharen wallen,
Verkaufend, feilschend unter Tempels Hallen;
Mit ihrem Gott zerronnen ist ihr Mut!

Zum trüben Irrwisch ward die Feuersäule,
Der grüne Aaronsstab zum Henkerbeile,
Und grausig übersteint das tote Wort
Liegt – eine Mumie im heil'gen Buche –,
Drin sucht der Pharisäer nach dem Fluche,
Ihn donnernd über Freund und Fremdling fort.

So, Israel, bist du gereift zum Schnitte,
Wie reift die Distel in der Steppe Mitte;
Und wie du stehst in deinem grimmen Haß
Genüber der geschminkt und hohlen Buhle,
Seid gleich ihr vor gerechtem Richterstuhle
Von Blute sie und du von Geifer naß.

O tauet, Himmel, tauet den Gerechten!
Ihr Wolken, regnet ihn, den wahr und echten
Messias, den Judäa nicht erharrt!
Den Heiligen und Milden und Gerechten,

Den Friedenskönig unter Hassesknechten,
Gekommen zu erweichen, was erstarrt!

Still ist die Nacht; in seinem Zelt geborgen
Der Schriftgelehrte späht mit finstren Sorgen,
Wann Judas mächtiger Tyrann erscheint.
Dann lüftet er den Vorhang, starrend lange
Dem Sterne nach, der streicht des Äthers Wange
Wie Freudenzähre, die der Himmel weint.

Und fern vom Zelte über einem Stalle,
Da ist's, als ob aufs niedre Dach er falle;
In tausend Radien sein Licht er gießt:
Ein Meteor! So dachte der Gelehrte,
Als langsam er zu seinen Büchern kehrte.
O weißt du, wen das niedre Dach umschließt?

In einer Krippe ruht ein neugeboren
Und schlummernd Kindlein; wie im Traum verloren
Die Mutter knieet, Weib und Jungfrau doch.
Ein ernster, schlichter Mann rückt tief erschüttert
Das Lager ihnen; seine Rechte zittert
Dem Schleier nahe um den Mantel noch.

Und an der Türe stehn geringe Leute,
Mühsel'ge Hirten, doch die Ersten heute,
Und in den Lüften klingt es süß und lind,
Verlorne Töne von der Engel Liede:
Dem Höchsten Ehr und allen Menschen Friede,
Die eines guten Willens sind!

Annette von Droste-Hülshoff

Weihnachtslied

Vom Himmel in die tiefsten Klüfte
ein milder Stern herniederlacht;
vom Tannenwalde steigen Düfte
und hauchen durch die Winterlüfte,
und kerzenhelle wird die Nacht.

Mir ist das Herz so froh erschrocken,
das ist die liebe Weihnachtszeit!
Ich höre fernher Kirchenglocken
mich lieblich heimatlich verlocken
in märchenstille Herrlichkeit.

Ein frommer Zauber hält mich wieder,
anbetend, staunend muss ich stehn;
es sinkt auf meine Augenlider
ein goldner Kindertraum hernieder,
Ich fühl's, ein Wunder ist geschehn.

Theodor Storm

Dezembernacht

Feldhüter haben in einem Geräteschuppen
(Steckrübenacker, Pflaumenbäume, Flusswind)
Eine Geburt aufgespürt, hier unzulässig.

Flüchtlinge gehören ins Lager und registriert.
Der Schafhirt kam dazu, ein junger Mann,
Der ging mit einem Stecken übers Mondfeld.
Sein Hund mit Namen Wasser sprang an der
Hütte hoch.
Ein Alter drinnen gab Auskunft, er sei nicht
der Vater.
Die Feldhüter verlangten Papiere. Das Neugeborene
schrie.
Die Schafe versperrten die Straße. Drei Automobile
Ein Mercedes, ein Bentley, eine Isetta hielten an.
Drei Herren stiegen aus, drei Frauen, schöner
als Engel,
Fragten, wo sind wir, spielten mit den Lämmern.
Spenden Sie etwas, sagten die Feldhüter.
Da gaben sie ihnen
Ein Parfüm von Dior, einen Pelz, einen Scheck auf
die Bank von England.
Sie blieben stehen und sahen zu den Sternen auf.
Glänzte nicht einer besonders? Ein Rauhreif fiel,
Die kleine Stimme schluchzte noch und schwieg.
Ein Mercedes, ein Bentley, eine Isetta fuhren an
Und summten wie Libellen. Der Hirt schrie:
Fort mit euch Schafen, fort mit euch Lämmern.
Ist das Kind gestorben? Das Kind stirbt nie.

Marie Luise Kaschnitz

Weihnachtsfreude

Ein Lobgesang von der Geburt Christi

Gelobet seist du, Jesu Christ,
daß du Mensch geboren bist
von einer Jungfrau, das ist wahr;
des freuet sich der Engel Schar.
Kyrieleis.

Des ewgen Vaters einig Kind
jetzt man in der Krippe findt;
in unser armes Fleisch und Blut
verkleidet sich das ewig Gut.
Kyrieleis.

Den aller Welt Kreis nie umschloß,
der liegt in Marien Schoß;
er ist ein Kindlein worden klein,
der alle Ding erhält allein.
Kyrieleis.

Das ewig Licht geht da herein,
gibt der Welt ein' neuen Schein;
es leucht wohl mitten in der Nacht
und uns des Lichtes Kinder macht.
Kyrieleis.

Der Sohn des Vaters, Gott von Art,
ein Gast in der Welt hie ward
und führt uns aus dem Jammertal;
er macht uns Erben in sein'm Saal.
Kyrieleis.

Er ist auf Erden kommen arm,
daß er unser sich erbarm
und in dem Himmel mache reich
und seinen lieben Engeln gleich.
Kyrieleis.

Das hat er alles uns getan,
sein groß Lieb zu zeigen an.
Des freu sich alle Christenheit
und dank ihm des in Ewigkeit.
Kyrieleis.

Martin Luther

Wunderbarer Gnadenthron

Wunderbarer Gnadenthron,
Gottes und Marien Sohn,
Gott und Mensch, ein kleines Kind,
das man in der Krippe findt,
großer Held von Ewigkeit,
dessen Macht und Herrlichkeit
rühmt die ganze Christenheit:

Du bist arm und machst zugleich
uns an Leib und Seele reich.
Du wirst klein, du großer Gott,
und machst Höll und Tod zu Spott.
Aller Welt wird offenbar,
ja auch deiner Feinde Schar,
daß du, Gott, bist wunderbar.

Laß mir deine Güt und Treu
täglich werden immer neu.
Gott, mein Gott, verlaß mich nicht,
wenn mich Not und Tod anficht.
Laß mich deine Herrlichkeit,
deine Wundergütiglichkeit
schauen in der Ewigkeit.

Johann Olearius

Weihnachts-Gesang

Kommt und laßt uns Christum ehren,
Herz und Sinnen zu ihm kehren!
Singet fröhlich, laßt euch hören,
wertes Volk der Christenheit!

Sünd und Hölle mag sich grämen,
Tod und Teufel mag sich schämen;
wir, die unser Heil annehmen,
werfen allen Kummer hin.

Sehet, was hat Gott gegeben!
Seinen Sohn zum ewgen Leben!
Dieser kann und will uns heben
aus dem Leid ins Himmels Freud.

Seine Seel ist uns gewogen,
Lieb und Gunst hat ihn gezogen,
uns, die Satanas betrogen,
zu besuchen aus der Höh.

Jakobs Stern ist aufgegangen,
stillt das sehnliche Verlangen,
bricht den Kopf der alten Schlange
und zerstört der Hölle Reich.

Unser Kerker, da wir saßen
und mit Sorgen ohne Maßen
uns das Herze selbst abfraßen,
ist entzwei, und wir sind frei.

O gebenedeite Stunde,
da wir das von Herzensgrunde
glauben und mit unserm Munde
danken dir, o Jesulein!

Schönstes Kindlein in dem Stalle,
sei uns freundlich, bring uns alle
dahin, wo mit süßem Schalle
dich der Engel Heer erhöht!

Paul Gerhardt

Fröhlich soll mein Herze springen

Fröhlich soll mein Herze springen
dieser Zeit, da vor Freud
alle Engel singen.
Hört, hört, wie mit vollen Chören
alle Luft laute ruft:
Christus ist geboren!

Heute geht aus seiner Kammer
Gottes Held, der die Welt
reißt aus allem Jammer.
Gott wird Mensch dir, Mensch, zugute,
Gottes Kind, das verbindt
sich mit unserm Blute.

Sollt uns Gott nun können hassen,
der uns gibt, was er liebt
über alle Maßen?
Gott gibt, unserm Leid zu wehren,
seinen Sohn aus dem Thron
seiner Macht und Ehren.

Sollte von uns sein gekehret,
der sein Reich und zugleich
sich uns selbst verehret?
Sollt uns Gottes Sohn nicht lieben,
der jetzt kömmt, von uns nimmt,
was uns will betrüben?

Er nimmt auf sich, was auf Erden
wir getan, gibt sich an,
unser Lamm zu werden,
unser Lamm, das für uns stirbet
und bei Gott für den Tod
Gnad und Fried erwirbet.

Nun, er liegt in seiner Krippen,
ruft zu sich mich und dich,
spricht mit süßen Lippen:
Lasset fahren, liebe Brüder,
was euch quält, was euch fehlt,
ich bring' alles wieder.

Ei, so kommt und laßt uns laufen!
Stellt euch ein, groß und klein,
eilt mit großen Haufen!

Liebt den, der vor Liebe brennet;
schaut den Stern, der euch gern
Licht und Labsal gönnet.

Die ihr schwebt in großen Leiden,
sehet, hier ist die Tür
zu den wahren Freuden.
Faßt ihn wohl, er wird euch führen
an den Ort, da hinfort
euch kein Kreuz wird rühren.

Die ihr arm seid und elende,
kommt herbei, füllet frei
eures Glaubens Hände!
Hier sind alle guten Gaben
und das Gold, da ihr sollt
euer Herz mit laben.

Süßes Heil, laß dich umfangen,
laß mich dir, meine Zier,
unverrückt anhangen!
Du bist meines Lebens Leben;
nun kann ich mich durch dich
wohl zufrieden geben.

Meine Schuld kann mich nicht drücken,
denn du hast meine Last
all auf deinem Rücken.
Kein Fleck ist an mir zu finden,
ich bin gar rein und klar
aller meiner Sünden.

Ich bin rein um deinetwillen;
du gibst gnug Ehr und Schmuck,
mich darein zu hüllen.
Ich will dich ins Herze schließen;
o mein Ruhm, edle Blum,
laß dich recht genießen!

Ich will dich mit Fleiß bewahren,
ich will dir leben hier,
dir will ich abfahren;
mit dir will ich endlich schweben
voller Freud ohne Zeit
dort im andern Leben.

Paul Gerhardt

O Heiland, reiß die Himmel auf

O Heiland, reiß die Himmel auf,
herab, herab, vom Himmel lauf,
reiß ab vom Himmel Tor und Tür,
reiß ab, wo Schloß und Riegel für.

O Gott, ein' Tau vom Himmel gieß;
im Tau herab, o Heiland, fließ.
Ihr Wolken, brecht und regnet aus
den König über Jakobs Haus.

O Erd, schlag aus, schlag aus, o Erd,
daß Berg und Tal grün alles werd.
O Erd, herfür dies Blümlein bring,
o Heiland, aus der Erden spring.

Wo bleibst Du, Trost der ganzen Welt,
darauf sie all ihr Hoffnung stellt?
O komm, ach komm vom höchsten Saal,
komm tröst uns hie im Jammertal.

O klare Sonn', Du schöner Stern,
Dich wollten wir anschauen gern.
O Sonn', geh auf, ohn deinen Schein
in Finsternis wir alle sein.

Hie leiden wir die größte Not,
vor Augen steht der ewig Tod;
ach komm, führ uns mit starker Hand
vom Elend zu dem Vaterland.

Da wollen wir all danken Dir,
unserm Erlöser, für und für.
Da wollen wir all loben Dich
je allzeit immer und ewiglich.

Friedrich von Spee

Weihnachtsgesang

Die ganze Menschheit freue sich!
Du, der Mensch bist, freue dich!
Geboren ist der gute Hirt,
Der alle Völker weiden wird,
In Treu und Wahrheit.

Mit göttlich großem Königssinn
Gibt er sich zum Opfer hin;
Er nimmt auf sich die Last der Zeit;
Verachtung, Schmach, Undankbarkeit
Erwarten seiner.

Doch Gottesgeist belebet ihn!
Jedem Frevler wird er kühn
Die Larv' entreißen; suchen wird
Er das Verlorne, was verirrt
Ist, wiederbringen.

Sein Zeichen ist die Dürftigkeit,
Menschenhuld sein Ehrenkleid,
Erbarmen ziehet ihn heran:
Der Völker Heil ist seine Bahn
Zum Himmelsfrieden.

Drum singen froh willkommend ihm
Cherubim und Seraphim
Ihr „Ehre sei Gott in der Höh'
Und Fried' auf Erden! Leid und Weh
Wird Wohlgefallen!"

Wir stimmen der Willkommung ein:
Unser Hirte soll er sein,
In Wahrheit und Gerechtigkeit,
In Unschuld, Lieb und Freundlichkeit
Und Menschengüte.

Wer unser arm Geschlecht entehrt,
Ist nicht dieses Königs wert;
Wer Menschen hasst und betrübt,
Nicht statt des Bösen Gutes gibt,
Ist sein nicht würdig.

O stimmt der Engel Glückwunsch bei:
„Fried auf Erden! Friede sei
Den Menschen!" So ist Gram und Leid
Verschwunden. Unser Herz erfreut
Sein Wohlgefallen.

Johann Gottfried Herder

Weihnachten

Markt und Straßen stehn verlassen,
Still erleuchtet jedes Haus,
Sinnend geh ich durch die Gassen,
Alles sieht so festlich aus.

An den Fenstern haben Frauen
Buntes Spielzeug fromm geschmückt,
Tausend Kindlein stehn und schauen,
Sind so wunderstill beglückt.

Und ich wandre aus den Mauern
Bis hinaus ins freie Feld,
Hehres Glänzen, heilges Schauern!
Wie so weit und still die Welt!

Sterne hoch die Kreise schlingen,
Aus des Schnees Einsamkeit
Steigt's wie wunderbares Singen –
O du gnadenreiche Zeit!

Joseph von Eichendorff

Anbetung des Kindes

Als ein behutsam Licht
steigst du von Vaters Thron.
Wachse, erlisch uns nicht,
Gotteskind, Menschensohn.

Sanfter, wir brauchen Dich.
Dringender war es nie.
Bitten Dich inniglich,
Dich und die Magd Marie –

König wir, Bürgersmann,
Bauer mit Frau und Knecht:
Schau unser Elend an!
Mach uns gerecht!

Gib uns von deiner Güt
Nicht bloß Gered und Schein!
Öffne das Frostgemüt!
Zeig ihm des Andern Pein!

Mach, daß nicht allerwärts
Mensch wider Mensch sich stellt.
Führ das verratne Herz
hin nach der schönern Welt!

Frieden, ja, ihn gewähr
denen, die willens sind.
Dein ist die Macht, die Ehr,
Menschensohn, Gotteskind.

Josef Weinheber

Anbetung

Wir suchen dich nicht,
Wir finden dich nicht,
Du suchst und du findest uns,
Ewiges Licht.

Wir lieben dich wenig,
Wir dienen dir schlecht,
Du liebst und du dienst uns,
Ewiger Knecht.

Wir eifern im Unsern
Am selbstischen Ort,
Du mußt um uns eifern,
Ewiges Wort.

Wir können dich, Kind
In der Krippe, nicht fassen.
Wir können die Botschaft nur
Wahr sein lassen.

Albrecht Goes

Weihnachtslied

Die Nacht ist vorgedrungen,
der Tag ist nicht mehr fern.
So sei nun Lob gesungen
dem hellen Morgenstern!
Auch wer zur Nacht geweinet,
der stimme froh mit ein.
Der Morgenstern bescheinet
auch deine Angst und Pein.

Dem alle Engel dienen,
wird nun ein Kind und Knecht.
Gott selber ist erschienen
zur Sühne für sein Recht.
Wer schuldig ist auf Erden,
verhüll' nicht mehr sein Haupt,
er soll errettet werden,
wenn er dem Kinde glaubt.

Die Nacht ist schon im Schwinden,
macht euch zum Stalle auf!
Ihr sollt das Heil dort finden,
das aller Zeiten Lauf
von Anfang an verkündet,
seit eure Schuld geschah.
Nun hat sich euch verbündet,
den Gott selbst ausersah!

Noch manche Nacht wird fallen
auf Menschenleid und -schuld.
Doch wandert nun mit allen
der Stern der Gotteshuld.
Beglänzt von seinem Lichte,
hält euch kein Dunkel mehr.
Von Gottes Angesichte
kam euch die Rettung her.

Gott will im Dunkel wohnen
und hat es doch erhellt!
Als wollte er belohnen,
so richtet er die Welt!
Der sich den Erdkreis baute,
der läßt den Sünder nicht.
Wer hier dem Sohn vertraute,
kommt dort aus dem Gericht!

Jochen Klepper

Von Bethlehem nach Golgatha

Bethlehem und Golgatha

Er ist in Bethlehem geboren,
Der uns das Leben hat gebracht,
Und Golgatha hat er erkoren,
Durchs Kreuz zu brechen Todes Macht.
Ich fuhr vom abendlichen Strande
Hinaus, hindurch die Morgenlande;
Und Größeres ich nirgends sah
Als Bethlehem und Golgatha.

Wie sind die sieben Wunderwerke
Der alten Welt dahingerafft,
Wie ist der Trotz der irdschen Stärke
Erlegen vor der Himmelskraft!
Ich sah sie, wo ich mochte wallen,
In ihre Trümmer hingefallen,
Und stehn in stiller Gloria
Nur Bethlehem und Golgatha.

Weg, ihr ägyptischen Pyramiden!
In denen nur die Finsternis
Des Grabes, nicht des Todes Frieden
Zu bauen sich der Menschen befliß.
Ihr Sphynx' in kolossalen Größen,
Ihr konntet nicht der Erde lösen
Des Lebens Rätsel, wie's geschah
Durch Bethlehem und Golgatha.

Erdparadies am Roknabade,
Flur aller Rosen von Schiras!
Und am gewürzten Meergestade
Du Palmengarten Indias!
Ich seh auf euren lichten Fluren
Noch gehen den Tod mit dunklen Spuren:
Blickt auf! Euch kommt das Leben da
Von Bethlehem und Golgatha.

Du Kaaba, schwarzer Stein der Wüste,
an den der Fuß der halben Welt
sich jetzt noch stößt, steh nur und brüste
Dich, matt von deinem Mond erhellt!
Der Mond wird vor der Sonn erbleichen,
Und dich zerschmettern wird das Zeichen
Des Helden, dem Viktoria
Ruft Bethlehem und Golgatha.

O der du in der Hirten Krippe
Ein Kind geboren wolltest sein,
Und, leidend Pein am Kreuzgeripple,
Von uns genommen hast die Pein!

Die Krippe dünkt dem Stolze niedrig,
Es ist das Kreuz dem Hochmut widrig;
Du aber bist der Demut nah
In Bethlehem und Golgatha.

Die Könige kamen anzubeten
Den Hirtenstern, das Opferlamm,
Und Völker haben angetreten
Die Pilgerfahrt zum Kreuzesstamm.
Es ging in Kampfes Ungewitter
Die Welt, doch nicht das Kreuz in Splitter,
Als Ost und West sich kämpfen sah
Und Bethlehem und Golgatha.

O laßt uns nicht mit Lanzenknechten,
Laßt mit dem Geist uns ziehn ins Feld,
Laßt uns das Heilge Land erfechten,
Wie Christus sich erfocht die Welt!
Lichtstrahlen lasst nach allen Seiten
Hinaus, als wie Apostel, schreiten,
Bis alle Welt ihr Licht empfah'
Aus Bethlehem und Golgatha.

Mit Pilgerstab und Muschelhute
Nach Osten zog ich weit hinaus;
Die Botschaft bring ich euch, die gute,
Von meiner Pilgerfahrt nach Haus:
O zieht nicht aus mit Hut und Stabe
Nach Gottes Wieg und Gottes Grabe!
Kehrt ein in euch und findet da
Sein Bethlehem und Golgatha.

O Herz, was hilft es, daß du knieest
An seiner Wieg im fremden Land?
Was hilft es, daß du staunend siehest
Das Grab, aus dem er längst erstand?
Daß er in dir geboren werde,
Und daß du sterbest dieser Erde,
Und lebest ihm, nur dieses ja
Ist Bethlehem und Golgatha.

Friedrich Rückert

Das Kirchenjahr

Du bist als Stern uns aufgegangen,
von Anfang an als Glanz genaht.
Und wir, von Dunkelheit umfangen,
erblickten plötzlich einen Pfad.
Dem Schein, der aus den Wolken brach,
gingen wir sehnend nach.

Am Ende unserer weiten Fahrten
gabst du uns in dem Stalle Rast.
Was Stroh und Krippe offenbarten,
ward voll Erstaunen nur erfaßt.
Die Zeichen blieben nicht mehr Bild,
Verheißung war erfüllt.

Und über Stall und Stern und Hirten
wuchs Golgatha, dein Berg, empor.
Nah vor den Augen der Verirrten
trat aus der Nacht dein Kreuz hervor.
Dort neigtest du für uns dein Haupt.
Da haben wir geglaubt.

Vor deines Felsengrabes Höhlung
ward hart und schwer ein Stein geklemmt.
Am Morgen kamen wir zur Ölung
und fanden nur dein Totenhemd.
Kein Fels hat deinen Weg gewehrt.
Wir folgten, Herr, bekehrt.

In deines Herzens offene Wunde
hast selbst du unsere Hand gelegt,
uns bis zu deiner Abschiedsstunde
mit Brot und Wein bei dir gehegt.
Die Wolke, die dich aufwärts nahm,
trug uns aus Angst und Scham.

Als eine Taube, lichtumflossen,
hast du dich sanft herabgesenkt,
uns mit dem Feuerglanz begossen
und die Verlassenen beschenkt.
Denn weil der Himmel offen steht,
gabst du uns das Gebet.

Durch Stern und Krippe, Kreuz und Taube,
durch Fels und Wolke, Brot und Wein
dringt unaufhörlich unser Glaube
nur tiefer in dein Wort hinein.

Kein Jahr von unserer Zeit verflieht,
das dich nicht kommen sieht.

Jochen Klepper

Danach

Maria spricht kein einziges Wort,
ruht blaß auf ihrem Lager dort.

Herr Joseph bettet müde sich
ins Stroh und schlummert väterlich.

Das Kind in seiner Krippe liegt,
geduldig an das Holz geschmiegt.

Auch Ochs und Esel halten Ruh,
Nachtfalter flattern ab und zu.

Verloren ist der Engel Spur,
verlassen liegen Stall und Flur.

Die Könige sind heimgekehrt,
so ruhn auch Krone, Schild und Schwert.

Am Feuer schlafen Hirt und Hund,
die Herde weidet ihren Grund.

Der Stern der Sterne – er verblich.
Die kleinen Lichter sammeln sich.

Der Mond blickt still auf Bethlehem.
Und alles ist wie ehedem.

Nur daß ein neugebornes Kind
den schweren Weg zum Kreuz beginnt.

Kurt Ihlenfeld

Heilige Nacht

Und niemand dachte sich etwas dabei.
Die Frau bekam ihr erstes Kind.
Sie stöhnte, schrie und zerbiß den Schrei,
wie Frauen dann so sind.

Der Ort war mit Fremden überfüllt.
Zur Rechten hämmerte wer an ein Tor,
zur Linken wurde wer angebrüllt.
Auch das kommt manchmal vor.

Es brauchte nicht grade im Stall zu sein
und zwischen dem wiederkäuenden Vieh.
Doch hausten sie wenigstens allein,
der Mann, das Kind und sie.

Ein Ächzen ging durch die Finsternis.
Das Kind lag hilflos im Stroh.
Der Tod war seines Sieges gewiß.
Aber das blieb nicht so.

Manfred Hausmann

flucht nach ägypten

nicht
ägypten
ist
fluchtpunkt
der
flucht

das kind
wird gerettet
für härtere tage

fluchtpunkt
der flucht
ist
das kreuz

Kurt Marti

Mit Beginn des Kirchenjahres

Der du die Welt geschaffen hast,
kommst Jahr um Jahr, wirst unser Gast.

Und Jahr um Jahr heißt's überall:
Für uns das Haus, für ihn den Stall.

Und Jahr um Jahre führt der Pfad
von Bethlehem zur Schädelstatt.

Der Jahr um Jahr ihn kundgetan,
begreift der Engel Gottes Plan?

Begreift der Wirt, ihm kommt zugut
des fremden Gasts vergossen Blut?

Begreife, wer begreifen kann.
Wir knien im Staub, wir beten an.

Rudolf Alexander Schröder

Weihnachts- und Neujahrsgruß

Stern und Engel, Hirten und die Weisen
künden uns das Große, das geschah.
Und wir loben, danken und wir preisen,
Gott ist nah!

Weg von Trauer, Jammer und Beschwerde
wenden wir das schmerzliche Gesicht,
Brüder, über aller Nacht der Erde
ist es licht!

Unsrer Sünden nimmer zu gedenken,
gab Gott seinen Sohn in Leid und Tod.
Sollte er mit ihm nicht alles schenken,
was uns not?

Keiner ist verlassen und verloren,
der da glaubt, weil seine Hand ihn hält.
Der Erretter ist für uns geboren:
Trost der Welt.

Otto Bruder

QUELLENACHWEISE

Werner Bergengruen: Kaschubisches Weihnachtslied, aus: Werner Bergengruen, Gestern fuhr ich Fische fangen … Hundert Gedichte. Hrsg. von N. Luise Hackelsberger. © 1992 by Arche Verlag AG, Raabe + Vitali, Zürich

Werner Bergengruen: Die Hirten, aus: Die verborgene Frucht, Berlin 1938. Abdruck mit Genehmigung von Dr. Luise Hackelsberger, Werner-Bergengruen-Archiv, Neustadt/Weinstraße

Johannes Bobrowski: Der verspätete Hirt. © Deutsche Verlags-Anstalt GmbH, München

Georg Britting: Sämtliche Werke, Band 4. List Verlag, München 1996. © Ingeborg Schuldt-Britting, Höhenmoos

Otto Bruder: Weihnachts- und Neujahrsgruß, aus: Otto von Toube (Hrsg.), Licht der Welt. Chr. Kaiser Verlag, München 1946

Albrecht Goes: Anbetung, aus: Albrecht Goes, Lichtschatten du. S. Fischer Verlag, Frankfurt am Main 1978

Rudolf Hagelstange: Ach, guter Joseph …/Ballade von der erhöhten und erniedrigten Kreatur/Bericht des alten Hirten, aus: Rudolf Hagelstange, Lied der Jahre. Gesammelte Gedichte 1931-1961. Insel-Verlag, Frankfurt am Main 1961

Manfred Hausmann: Weihnachten, aus: Manfred Hausmann, Nachtwache. Alte Musik. Füreinander. Gedichte aus den Jahren 1922-1946. S. Fischer Verlag, Frankfurt am Main 1983

Manfred Hausmann: Heilige Nacht/Anbetung/Die Weisen, aus: Manfred Hausmann, Jahre des Lebens. Gedichte. Neukirchener Verlag, Neukirchen-Vluyn 1974

Peter Huchel: Die Hirtenstrophe, aus: Peter Huchel, Die Sternenreuse. Gedichte 1925-1947. Piper Verlag, München 1967

Kurt Ihlenfeld: Danach, aus: Nina Leudesdorff (Hrsg.), Christ, in deiner Geburt. Verlag für kirchliche Kunstdrucke, Bremen o. J., S. 30

Marie Luise Kaschnitz: Dezembernacht, aus: Marie Luise Kaschnitz, Dein Schweigen – meine Stimme. Gedichte 1958-1961. Claassen Verlag, Düsseldorf 1962